Sulle Colline Boscose
Presenta

UNA VISITA AL MUSEO

Duhane G. B. Williams

Copyright © 2023 by Duhane G. B. Williams

All rights reserved.

No part of this book may be reproduced, stored in a retrieval system, or transmitted in any form or by any means—electronic, mechanical, photocopy, recording, or any other—without prior written permission from the copyright owner, except for brief quotations in critical reviews or articles.

ISBN (eBook): 978-969-36-9271-6

ISBN (Paperback): 978-969-36-9272-3

ISBN (Hardcover): 978-969-36-9273-0

Library of Congress Control Number: 25-475803

Published by Duhane G. B. Williams

Voglio rimanere grato. Sono grato a Dio per concedermi l'ispirazione che fluisce dalla mente, la penna, lo scritto e i disegni, portando ai bambini un'opportunità come nessun'altra: LE PAROLE.

Non è un compito semplice raggiungere una generazione, raggiungere i bambini e arricchire le loro menti attraverso l'arte della scrittura e con illustrazioni che li ispirino. Sono grato a vita.

—Duhane G. B. Williams

Sulle colline boscose Presenta:
Una visita Al museo

T-Rex
Pterosaurus

Quel giorno in classe i bambini erano seduti ai loro banchi, come sempre, quando la maestra, la signorina Stevens, disse loro:

"Oggi parleremo di coloro che abitavano la Terra milioni di anni fa. Stiamo parlando dei dinosauri, animali giganti e fantastici."

La signorina Stevens era molto brava a disegnare, quindi disegnò alcuni dinosauri sulla lavagna così che i bambini potessero capire meglio di cosa stesse parlando.

Alcuni bambini conoscevano già i dinosauri perché li avevano visti in televisione o nei videogiochi, ma non si erano mai interessati ad essi.

"Immaginate animali enormi che camminano qui attorno. Non sembra folle? Ma questo è il nostro pianeta: ci sono sempre cose incredibili da scoprire."

Quel giorno, nessuno tra i bambini che ascoltavano la signorina Stevens era tanto curioso riguardo ai dinosauri quanto il piccolo Josh.

Il ragazzo era diventato molto interessato al mondo che lo circondava dopo una gita fatta assieme alla sua famiglia. Per lui era incredibile sentire che animali giganti, alti come edifici, avevano abitato la Terra milioni di anni fa. Josh non sapeva contare fino ad un milione, ma aveva la sensazione che fosse tanto e che quindi si trattasse di molto tempo fa.

"C'erano alcuni dinosauri che avevano mascelle enormi, ed erano carnivori, come le tigri, però erano grandi quanto un palazzo. Un esempio è il T-Rex. C'erano anche dinosauri che potevano volare come gli uccelli, tra cui lo Pterosauro," continuò la signorina Stevens.

Lo stupore di Josh nel sentire tutto ciò riguardo ai dinosauri era così grande che voleva raccontare tutto ai suoi genitori.

Quindi, dopo cena, mentre era seduto assieme ai suoi genitori, sua sorella e suo nonno, Josh raccontò loro dei dinosauri:

"Erano grandi come una casa e vivevano ovunque, anche qui, nella Terra delle Querce!" Disse Josh a loro. Dato che Josh era un racconta-storie molto bravo, la sua famiglia ascoltava con attenzione.

"Oh, se solo potessi incontrare i dinosauri!" Disse Josh. "Ma è impossibile... Si sono estinti milioni di anni fa. La signorina Stevens ci ha parlato di loro. Non sono capace di contare fino ad un milione ma penso che sia tantissimo tempo..."

Ma poi suo nonno, che era rimasto silenzioso durante la conversazione, gli disse che sapeva dove potevano andare a vedere i dinosauri.

"Sei serio, nonno?" Chiese Josh, incredulo. "Ma non è possibile..."

"Beh, non ci sono più dinosauri in vita oggi," disse il nonno. "Ma ci sono dei fossili. I fossili sono le loro ossa e, grazie ad essi, sappiamo che i dinosauri e altre specie di animali sono esistiti. Possiamo vedere i fossili dei dinosauri e altri animali preistorici al museo di storia naturale, dato che siamo così fortunati da averlo tanto vicino a casa. Bambini, vi piacerebbe andare al museo?"

Alla domanda del nonno, i bambini gridarono "sì!" Erano entusiasti di imparare di più sui dinosauri e altre creature antiche.

Quindi, fu deciso che nel weekend il nonno sarebbe andato al museo di storia naturale assieme ai bambini. Il papà e la mamma avevano tanto lavoro da fare e quindi sarebbero rimasti a casa.

"Ci auguriamo che impariate un sacco di cose, così che possiate raccontarci delle ottime storie," disse il papà.

"Speriamo anche che vi divertiate tanto e che passiate una meravigliosa giornata con vostro nonno," disse loro la mamma.

"Certo che lo faremo!" Dissero Josh e Mary allo stesso tempo.

Così, i loro genitori salutarono, non avendo la minima idea dell'incredibile avventura che i loro piccoli avrebbero vissuto al museo insieme al nonno.

Entrarono poi in macchina e il nonno guidò fin quando non raggiunsero il museo di storia naturale.

Museum of Natural Science

Quando arrivarono, i bambini furono sorpresi alla vista della facciata del museo perché era un posto piuttosto grande.

"Dev'essere abbastanza grande da ospitare i fossili dei dinosauri perché sono davvero enormi," spiegò il nonno.

"Wow! Sono ancora più grandi di quello che pensavo," disse Josh.

Entrambi i bambini non riuscivano a smettere di immaginare quali sorprese avrebbero trovato dentro dato che il nonno aveva detto loro che c'erano altre creature oltre ai dinosauri che avevano abitato il mondo milioni di anni fa.

"Non sono mai stato al museo," disse il nonno, "quindi sono anche io emozionato per quello che vedremo qui."

Quando entrarono nel museo, lo trovarono mezzo vuoto.

"Che cosa curiosa…" Disse il nonno. "Di solito i musei sono pieni di persone nel fine settimana…"

Le poche persone che c'erano se ne stavano andando. Josh e Mary potevano sentirli parlare tra di loro, molto entusiasti per tutto quello che avevano visto.

"Ciò che mi è piaciuto di più è stato vedere le mummie. Penso che siano incredibili," disse il ragazzino.

"Stai scherzando? La parte migliore erano i dinosauri e gli uomini delle caverne. È fantastico vedere come le persone vivevano una volta," rispose un altro.

Mentre Mary e Josh ascoltavano, il nonno comprò i biglietti.

Giusto mentre le altre persone uscivano, una donna apparse e li accolse con gentilezza. "Ciao! Il mio nome è Luisa e sono la guida del museo. Il mio compito è di accompagnare le persone attraverso le sale e raccontargli qualcosa riguardo ai reperti. Vi piacerebbe venire assieme a me all'ingresso del museo ed imparare un po' di storia?"

"Certo che sì!" Dissero i bambini all'unisono.

"Allora andiamo."

Josh camminò poi verso la guida e, con un po' di imbarazzo, le chiese:

"Signorina, è vero che qui ci sono dei dinosauri?"

"Certo che ci sono! La sala dei dinosauri è una delle nostre esposizioni più popolari."

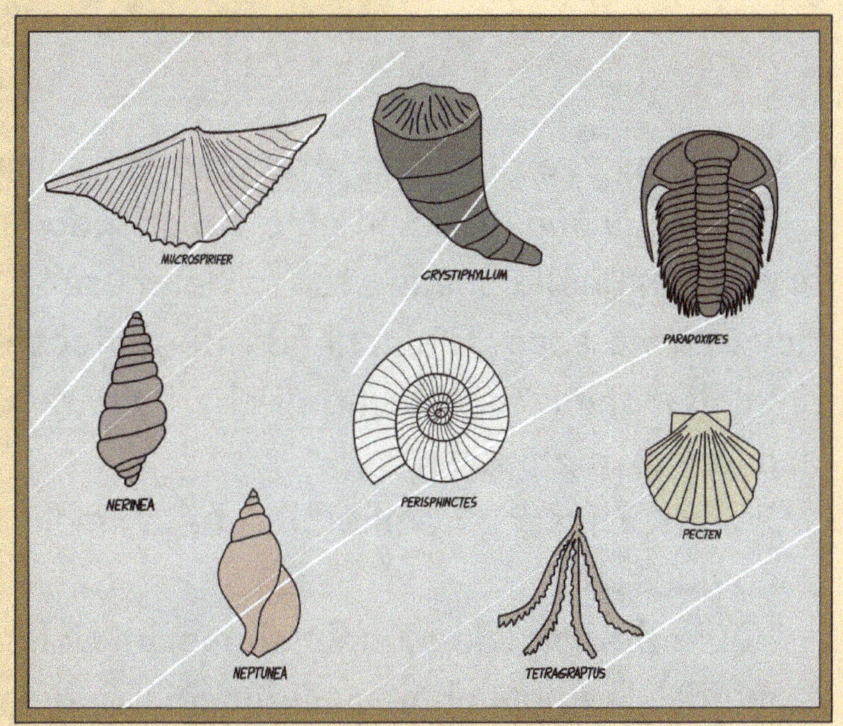

Marine Fossils

Questo rese il piccolo Josh molto felice.

Camminarono un po' in giro fin quando non arrivarono nella prima stanza del museo, dove erano esposti alcuni fossili di piccoli animali marini. Sia i bambini che il nonno erano molto emozionati.

"Wow!" Dissero i bambini, "che animali sono questi?"

"Qui abbiamo alcuni animali marini della famiglia degli ammoniti. Gli ammoniti erano molluschi, come i polpi. C'erano anche i trilobiti, che erano crostacei, come i granchi, oltre ad altri animali. Vivevano tutti nel mare milioni di anni fa. Non tutti gli animali antichi erano grandi come edifici. Ma, se ci spostiamo di qui..." Camminarono un po' attraverso il salone fin quando non giunsero dove un enorme scheletro stava appeso.

Blue Whale

Le ossa di un animale gigante pendevano dal soffitto, dando l'impressione che stesse volando o nuotando nel mare.

"Sembra una balena," disse il nonno.

"È corretto," rispose la guida. "Questa è una balena che ha poco meno di 100 anni; è stata trovata sulla spiaggia."

"Wow! Quanto sono grandi le balene!" Disse Mary.

"Sono sempre state così grandi?"

"Beh, in realtà no. Milioni di anni fa erano delle dimensioni di un cane, con un muso lungo, denti affilati e zampe palmate, proprio come le foche. Vivevano sulla terraferma ma, nei secoli, si sono spostate verso il mare, dove trovavano il loro cibo. Sicuramente questo non lo sapevate!"

Cavemen Tools

I bambini scossero il capo. Era un po'
difficile immaginare delle balene così
diverse vivere sulla terra ferma.

Mentre pensavano a questo, proseguirono
nella stanza successiva, che era dedicata ai
cavernicoli, gli esseri umani migliaia di anni
fa.

La prima cosa nella stanza era una valigia
esposta con alcuni degli attrezzi che gli
uomini delle caverne avevano utilizzato.

"All'epoca, le persone non avevano gli
arnesi moderni che abbiamo oggi. Avevano
invece attrezzi come questi, che
utilizzavano per cacciare, costruire oggetti
in modi rudimentali, tagliare la carne e
accendere il fuoco. Sono chiamati
cavernicoli perché gran parte di loro
vivevano nelle caverne," disse loro la guida.

"E com'erano?" Chiese Mary.

Cavemen

"Puoi vederlo tu stessa," le disse la guida.

Vicino all'espositore di vetro con gli attrezzi c'erano alcuni modelli in cera degli uomini delle caverne, nell'intento di accendere un fuoco.

"Non avevano delle stoviglie e mangiavano tutto cuocendolo sopra ad un fuoco libero. Usavano il fuoco anche per scaldarsi. Questi cavernicoli erano diversi da noi anche nel modo di parlare e vivere. Erano sempre in movimento, erano principalmente cacciatori, non coltivavano e parlavano in una lingua che non conosciamo, ma che pensiamo suoni un poco come parlano gli animali. Ah, e si vestivano con pelli di animale, non con normali vestiti come noi."

"Quindi, anche se sembriamo simili, erano molto diversi da noi," disse Josh.

Cavemen

"Sì, Josh e Mary, ma di sicuro non erano tanto bravi ad accendere un fuoco quanto lo siete voi," disse il nonno. Questo riempì i bambini di grande orgoglio, poiché erano molto felici di sapere accendere un fuoco nella foresta.

"Sebbene il fuoco possa sembrare una cosa ordinaria oggi, per i cavernicoli era una grande scoperta. Per loro, scoprire il fuoco era come mettere piede sulla Luna per la prima volta o viaggiare fino a Marte."

"È incredibile quanto progresso abbiamo fatto nel corso degli anni," disse il nonno. "Questo è il motivo per cui i musei sono così importanti, perché ci ricordano di tutto ciò che è successo nella storia."

"È giusto, signore. Vorrei che ci fossero più visitatori così tanto interessati... Ma ora andiamo alla parte che stavate aspettando, dove sono i dinosauri."

Triceratops

Prima di entrare nella stanza dei dinosauri, sentirono un forte vento, tanto forte quanto una tempesta.

"Che cos'era?" Domandarono i bambini.

"È molto strano," disse loro la guida. "Questo è uno spazio chiuso senza finestre, quindi è molto strano che ci sia del vento."

Poi accaddero alcune altre cose strane e sentirono un leggero rimbombo sotto ai loro piedi. Mentre pensavano alla causa di quegli strani avvenimenti, arrivarono alla sala dei dinosauri, dove la prima cosa che trovarono fu un Triceratopo.

"Il Triceratopo era in pratica il nemico naturale del T-Rex," disse loro la guida. "Stavano sempre lottando."

I bambini non potevano nascondere il loro stupore alla vista di una creatura tanto grande, strana e affascinante.

T-Rex

Josh poi pensò che era vero, che i dinosauri erano davvero grandi quanto gli edifici e che erano ancora più impressionanti di quanto non avesse immaginato.

Ma proprio nel momento in cui stavano per raggiungere il posto in cui avrebbe dovuto esserci il T-Rex, si accorsero di qualcosa di molto strano. Il grosso dinosauro, che avrebbe dovuto essere lì, su un grande piedistallo, non c'era.

"Hey, signorina Luisa, non c'è nessun T-Rex qui," disse a lei Josh.

"Josh, sono sicuro che stiano facendo qualche manutenzione sullo scheletro del T-Rex. È fatto di ossa molto vecchie e richiedono tante attenzioni," disse il nonno.

Ma la guida, invece di concordare, sembrava pallida, come se avesse visto un fantasma.

T-Rex

"Sono appena arrivata proprio da questa parte del museo... Il T-Rex era giusto lì," disse loro la guida.

"E cosa potrebbe essergli successo?" Chiesero i bambini.

"È ciò che mi preoccupa di più... C'è una storia, una favola raccontata dai vecchi dipendenti, secondo cui, a volte, alcuni degli artefatti prendono vita e vagano per il museo. È vero che ho sentito dei rimbombi e sentito strani suoni qualche volta, ma non avrei mai immaginato che il T-Rex potesse scomparire."

"Dunque, cosa possiamo fare?" Chiese il nonno.

"Non ne ho davvero idea. Non penso che il fossile ci farebbe del male dato che lo trattiamo molto bene qui al museo, ma dobbiamo trovarlo e riportarlo qui."

T-Rex

Sentendo quelle parole, Josh e Mary, invece di spaventarsi, si emozionarono molto e pensarono di potere aiutare la guida a ritrovare il T-Rex.

"Non può essere andato lontano!" Disse Josh.

"Sì, sono sicura che sia in una delle altre sale del museo," aggiunse Mary.

"Penso che siamo abbastanza per poterlo trovare; visitiamo le altre stanze," esclamò Josh.

La guida sospirò, ma pensò che forse sarebbe potuto essere divertente, quindi annuì e disse ai bambini:

"Bene, se vogliamo cercare il dinosauro, potremmo avere bisogno di aiuto. E poiché sembra che le cose stiano magicamente prendendo vita, forse ci sono altri abitanti del museo che possono aiutarci."

I bambini e il nonno annuirono, poi si diressero tutti verso la stanza che conteneva gli artefatti dell'antico Egitto.

Lì, si imbatterono in un sarcofago aperto dove stava una mummia che pareva russare.

I bambini le si avvicinarono e le chiesero se avesse visto un T-Rex di passaggio.

"Beh, come potete vedere, sono una mummia, un antico faraone Egizio andato nell'aldilà che sta riposando nel suo confortevole sarcofago. Probabilmente, se il T-Rex è passato da queste parti, non l'ho visto perché stavo dormendo. Oltretutto, i miei occhi sono coperti dalle bende, quindi non riesco a vedere molto bene. Non riesco nemmeno a vedere voi che sembrate così piccoli a giudicare dalla voce."

I bambini ringraziarono la mummia e proseguirono verso le altre sale del museo, fino ad arrivare in una stanza che conteneva dei relitti dell'antica Grecia.

Athena Niké

"Ho sempre voluto andare in Grecia!"
Disse il nonno. "Le spiagge del
Mediterraneo mi hanno sempre
affascinato."

La stanza era principalmente piena di
statue.

"Forse le statue sanno dove si trova il T-
Rex," disse la guida. Quindi chiesero a
diverse statue se avessero visto il
dinosauro, ma nessuna di esse rispose alla
domanda. Giunsero poi ad una statua dotata
di ali.

"Sono la Nike di Samotracia, un'antica
statua scolpita più di duemila anni fa.
Quello che posso dirvi è che sono trascorsi
centinaia di anni da quando la testa della
mia statua è stata staccata, quindi non ho
occhi per vedere nulla... Tuttavia, ho
sentito un rumore strano poco fa. Forse ciò
che ha prodotto quel suono è quello che
state cercando. Non so in che direzione sia
andato però."

African Art

Dopo aver ascoltato le statue, si diressero nella sala successiva del museo.

In questa stanza del museo c'erano diverse statue di origine Africana che sembrava stessero ballando e divertendosi.

"Ah, sì! Questi sono i suoni che sento ogni tanto," disse la guida.

Dopodiché i bambini, alzando la voce, chiesero alla statue se sapevano dove fosse il T-Rex.

"Mmh, non possiamo rispondere," disse una di loro.

"Perché non abbiamo occhi," aggiunse un'altra.

"E anche perché stiamo festeggiando, dato che siamo maschere utilizzate dalle tribù durante festività importanti," concluse l'ultima delle maschere.

Ringraziarono ugualmente le maschere e pensarono di andare altrove per cercare il T-Rex, ma non sapevano dove andare.

Presero in considerazione di tornare nella prima stanza che avevano visitato, ma pensarono non fosse necessario dato che avrebbero visto il T-Rex se fosse passato di lì.

Non c'era alcun dubbio che questo fosse un grande mistero e sembrava che non avesse alcuna soluzione immediata. Tutti erano abbastanza tristi a riguardo: Josh era triste poiché forse non avrebbe mai visto un T-Rex; Mary era triste per lo stesso motivo; il nonno era preoccupato per i suoi nipoti e la guida perché temeva di non trovare più il T-Rex.

"Come può una cosa così grande perdersi tanto facilmente, tutto ad un tratto?" Chiese il nonno.

"Non ne ho idea," disse la guida, "ma penso sia giunto il momento di fermarsi e pensare."

La guida disse loro che il posto che visitava quando aveva bisogno di fermarsi e riflettere era la caffetteria del museo, che fortunatamente era praticamente vuota.

Ordinarono del caffè per la guida Luisa e il nonno, due succhi e delle ciambelle per i bambini.

Poi si sedettero tutti ad un tavolo, un po' tristi per non aver trovato il T-Rex, e pensarono ancora un po' a dove potesse essere.

"Non posso credere che non riuscirò a vedere il T-Rex..." Disse il piccolo Josh. "Penso che fossi maggiormente emozionato per il fatto di poter vedere la grande creatura che aveva vissuto milioni di anni fa... Ma almeno ho potuto vedere altri fossili e dinosauri..." Mentre parlava, traspariva un sacco di tristezza dalla voce di Josh.

Poi Josh, che era un ragazzo piuttosto sveglio, si accorse che alcune delle luci appese al soffitto erano rotte. Era come se fossero state morsicate.

Questo lo colpì, essendo piuttosto insolito; d'altronde, cosa avrebbe potuto mordicchiare le luci del soffitto? Continuò a guardarsi attorno, accorgendosi che altri oggetti erano rotti o masticati.

"Credo di aver trovato un modo per trovare il T-Rex," disse Josh.

Josh si alzò dal tavolo e si accorse che c'era più di una lampada rotta. Anche altre cose erano rotte, come una sedia che era stata schiacciata.

Josh guardò gli addetti della caffetteria e si rese conto che sembravano così indaffarati a preparare da mangiare che probabilmente non sapevano o avevano visto nulla riguardo al T-Rex mancante.

Tutto ciò che Josh poteva fare era seguire il percorso di distruzione che il T-Rex si era lasciato alle spalle. Così, decise che questo era ciò che avrebbe fatto dato che questa era l'ultima possibilità che aveva per trovare il dinosauro.

Tutti gli altri si alzarono dal tavolo e iniziarono a seguirlo. Il ragazzo, quasi senza volerlo, aveva trovato il tracciato lasciato dal T-Rex, che era quasi come la scia di briciole della storia di Pollicino. Solo che questa volta era stato un dinosauro ad avere accidentalmente lasciato una scia di oggetti rotti al posto di briciole, perché probabilmente era davvero terribile a camminare.

Seguendo il tragitto, raggiunsero presto la stanza del dinosauro.

"Siamo tornati nel posto in cui la nostra ricerca è iniziata," disse il nonno.

T-Rex

Nella stanza stava il T-Rex, che sembrava stesse piagnucolando come un bambino.

Vedendolo, Josh rimase scioccato. Era molto grande e sembrava un sacco pericoloso, ma in quel momento sembrava anche tanto vulnerabile, come se milioni di anni trascorsi da fossile lo avessero cambiato.

Il ragazzo avanzò verso il dinosauro per chiedergli cosa avesse e perché stesse piangendo.

"Voglio mangiare una ciambella!" Rispose il T-Rex con tristezza. "Sono andato nella caffetteria ma c'erano delle persone e ho pensato che potessero avere paura di me, quindi sono tornato qui... Però non penso ne sarebbe valsa la pena. Guarda le mie piccole braccia! Non potrei mangiare una ciambella nemmeno se ne avessi l'occasione..."

Josh si rese conto che aveva lasciato la caffetteria così di fretta da non avere nemmeno toccato la ciambella che stava per mangiare, così offrì la sua ciambella al dinosauro:

"Ecco qui, io posso mangiare una ciambella quando voglio ma tu potresti non avere un'altra occasione per farlo," gli disse Josh.

Il dinosauro la prese dalla mano di Josh con la sua grande bocca e masticò con gioia.

"Quanto era deliziosa questa ciambella! Sono ancora più buone di quanto pensavo. Grazie mille per essere stato così gentile con me. Di solito, quando le persone vengono qui e mi vedono, si spaventano," disse il T-Rex.

"Sei molto diverso da tutto ciò che ci eravamo immaginati," disse la guida.

"Sì," continuò il nonno, "non eri un carnivoro?"

T-Rex
Bla

"Beh, lo ero milioni di anni fa. Ma ho mangiato così tanta carne che mi sono stancato. Vedete, ai miei tempi non avevamo nient'altro. Tutto era diverso da come sono le cose oggi."

"Com'era la tua vita all'epoca?" Chiese Josh.

"Oh, era fantastica. Noi dinosauri stavamo per i fatti nostri. Non c'erano edifici come questo e potevi camminare e correre dove volevi. Il mondo sembrava così grande ed io ero il dinosauro più rispettato e temuto - sebbene alcune volte lottassi con il Triceratopo, che è un dinosauro molto coraggioso, e con il quale ho avuto molti scontri brutali. Aveva dei denti affilati e ruggiva molto forte, molto più forte di tanti altri dinosauri. Ma ora sono solo stanco. Penso di essere vecchio, hehe."

Il nonno, Josh e Mary erano andati al museo con la speranza di vedere alcuni fossili ma finirono per incontrare un personaggio protagonista della storia della Terra, un po' come ognuno di noi, che siamo parte della storia, giorno dopo giorno.

Ascoltando il T-Rex, con quella voce rauca che lo faceva apparire ancora più vecchio del nonno, il piccolo Josh e la piccola Mary non potevano fare a meno di immaginare come la vita fosse a quei tempi. Anche se la guida aveva detto loro com'era stato il mondo, nulla era meglio di averlo ascoltato da un dinosauro che lo aveva vissuto.

Poi pensarono a quanto fossero stati fortunati, dato che non tutti i bambini hanno il privilegio di parlare con un dinosauro.

Mentre il dinosauro parlava, sentirono di nuovo il vento che aveva soffiato poco prima e poi il leggero rimbombo; dopodiché il dinosauro smise improvvisamente di parlare e si fermò in posizione rigida, proprio come sono di solito i fossili.

Tutti capirono che la magia del museo era giunta al termine.

Felici per avere incontrato un dinosauro ed essere stati in grado di aiutare la guida Luisa a ritrovare il T-Rex, i bambini e il nonno la salutarono.

Mentre salutavano, si ripromisero che il tempo trascorso al museo sarebbe sempre rimasto nei loro ricordi e che lo avrebbero condiviso solo con le persone che credono nella magia, come tu che stai leggendo questo libro.

Anche il nonno era molto felice, dato che aveva accompagnato i suoi nipoti in una grande avventura.

ence

Anche la guida li salutò con un sorriso, dicendo loro che avrebbero potuto tornare a farle visita ogni volta che avessero voluto sapere qualcosa sulla storia.

Davanti al museo, il nonno e i bambini scattarono un selfie per ricordarsi dell'incredibile giornata in cui impararono dei dinosauri e di ciò che il mondo era stato milioni di anni prima.

Fine.

www.ingramcontent.com/pod-product-compliance
Lightning Source LLC
Chambersburg PA
CBHW071243130726
47998CB00003B/1035